MÉMOIRE

SUR UNE QUESTION

ANATOMIQUE

RELATIVE A LA JURISPRUDENCE;

Dans lequel on établit les principes pour distinguer, à l'infpection d'un Corps trouvé pendu, les fignes du SUICIDE d'avec ceux de l'ASSASSINAT.

Par M. LOUIS, Profeffeur Royal de Chirurgie, Cenfeur Royal, Chirurgien Confultant des Armées du Roi, &c.

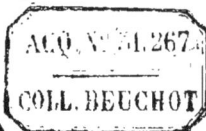

A PARIS,

Chez P. G. CAVELIER, Libraire, rue Saint Jacques, au Lys d'or.

M. DCC. LXIII.

Avec Approbation & Permiffion.

MÉMOIRE

Sur une Question Anatomique relative à la Jurisprudence.

Lû à la Séance publique de l'Académie Royale de Chirurgie le Jeudi 14 Avril 1763.

UN PERE accusé d'avoir ôté la vie à son Fils en l'étranglant, périt sur un échafaud par le supplice que mérite ce forfait. Mais comme la punition ne donne point la certitude du crime, on prétend que l'accusation étoit injuste ; & dès-lors les ames sensibles sont affectées de différents mouvements que font naître en elles la pitié, la terreur ou l'indignation, suivant la maniere dont l'esprit a envisagé cet objet,

A ij

& la nature des impreſſions que le cœur en a reçues. Le public n'eſt que trop informé du cas particulier qui s'eſt paſſé à Touloufe, & qui a donné à l'Europe entiere le ſpecta-cle le plus affligeant pour l'huma-nité. L'affaire eſt préſentement fou-miſe aux lumieres & à la déciſion du Conſeil ſuprême : mais quel que ſoit le jugement qui ſera prononcé, il ne pourra empêcher que dans une autre occaſion, par un fatal enchaî-nement de circonſtances, la mort d'un homme trouvé pendu ne puiſſe être imputée à ceux que le hazard aura fait rencontrer dans les lieux où le délit ſe ſera commis à leur in-ſçu. C'eſt donc la cauſe de tous les hommes que j'entreprends, en pu-bliant les recherches & les expé-riences, par leſquelles je me propoſe d'établir des principes, ſur un cas qui malheureuſement n'eſt pas auſſi rare qu'on pourroit l'imaginer.

L'infpection Anatomique du corps faite avec l'attention & la capacité néceffaires, fervira à déterminer la maniere dont la perfonne aura ceffé de vivre. C'eft un fujet intéreffant fur lequel il n'y a que des notions vagues & éparfes qu'il importe de fixer & de réunir. La fûreté des citoyens, l'intérêt de la vérité, l'honneur de l'Art, & la tranquillité même des Juges qui ont à opiner dans de pareilles affaires, reclament également pour qu'on ne laiffe, s'il eft poffible, aucune équivoque fur cet objet : & dans les cas particuliers, où par la difficulté de l'application des principes, la vérité refteroit couverte de quelques nuages, il eft à propos de le faire remarquer, dans la crainte des fauffes inductions qu'on pourroit en tirer au préjudice des accufés qui ne feroient pas coupables, ou au defhonneur des familles, par la flétrif-

sure injuste du cadavre de celui qui
ne se seroit pas donné la mort à
lui-même. Je me croirois trop ré-
compensé de mon travail, s'il pouvoit empêcher quelqu'un de commettre le crime, dans la crainte de
la conviction ; & un innocent d'en
être accusé.

Toute l'attention des Auteurs
qui ont traité cette matiere, s'est
bornée à la seule question de sçavoir
si le corps suspendu avoit été étranglé vivant, ou s'il n'avoit pas été
pendu, après avoir perdu la vie par
une autre cause. Contents d'avoir
posé les principes d'une décision
certaine sur le genre de mort, ils
n'ont pas considéré les différents
modes dont ce genre étoit suscep-
tible, & dont la connoissance peut
servir à distinguer, en beaucoup de
cas, le suicide d'avec l'assassinat.

Le principal soin d'un Chirurgien
appellé pour constater l'état d'un

homme trouvé pendu, n'eſt pas ſim-
plement de remarquer d'un premier
coup d'œil, toutes les circonſtances
qui peuvent l'aider dans le jugement qu'il aura à porter ; mais il
doit examiner ſi le ſujet ne ſeroit pas
encore dans le cas de recevoir des
ſecours capables de le rappeller à la
vie. L'expérience a prouvé que des
hommes qu'un délire mélancoli-
que avoit portés à ſe défaire eux-
mêmes, ont été délivrés à temps du
lien fatal qui auroit rendu leur mort
inévitable. On a même ſauvé la vie
à des gens qui avoient paſſé par les
mains de l'Exécuteur de la Juſtice :
c'eſt ſur-tout dans les armées que
ces exemples ont été fréquents. En
ſuppoſant que les bienfaits de l'Art
ne puiſſent, dans aucun cas, être
réſervés aux malfaiteurs, les refuſe-
rons-nous aux victimes infortunées
du dérangement de leur propre eſ-
prit : on ſeroit plus criminel qu'eux

A iv

en ne s'intéreſſant pas à leur malheureux ſort. Nous appliquerons
aux pendus les raiſons qui permet-
tent de donner des ſecours aux
noyés. Avant l'avis publié en faveur de ceux-ci en 1740, & affiché
par ordre du Roi dans toute l'éten-
due du Royaume, on ne tiroit pas
entiérement de l'eau le corps d'un
noyé ; on le tenoit ſur le rivage,
avec la précaution de lui laiſſer les
pieds dans l'eau, juſqu'à ce que les
Officiers de Juſtice euſſent dreſſé un
procès-verbal. J'ai vu même des
parents n'oſer reconnoître leur fils,
parce qu'à l'affliction de ſa perte ir-
réparable, ſe joignoit l'obligation de
payer des frais capables de ruiner,
ou d'incommoder beaucoup des
particuliers, dont les moyens
étoient aſſez bornés. On eſt bien
averti, & l'on ne ſauroit trop le ré-
péter, qu'on ne s'expoſe plus à
aucune pourſuite de la Juſtice, en

cherchant à rappeller à la vie ceux qui font fufceptibles de quelques fecours. Le progrès de la Philofophie & des Arts nous fait voir, au profit de l'humanité, plufieurs objets fous des afpects plus raifonnables que nos peres ne les envifageoient. Les foins que nous recommandons doivent fe donner fous les yeux & l'autorité de laJuftice intéreffée elle-même à les ordonner; pour la plus parfaite connoiffance des caufes du délit. Sans l'opération que fit Ambroife Paré à un Allemand, penfionnaire d'un Banquier de Paris, qui s'étoit coupé la gorge dans un accès de phrenéfie, fon domeftique & fon hôte prifonniers au Châte-let, auroient eu peine à fe juftifier de l'accufation de l'avoir affaffiné. Quoique la plaie fût mortelle par fa nature, la réunion qui ne pouvoit être d'aucune utilité à la confervation de la vie du bleffé, le mit

en état de parler & de confeffer,
qu'il avoit attenté lui-même à fa vie.
Si les Mémoires produits pour l'affaire des *Calas*, tant à Touloufe qu'à
Paris, font exacts dans le récit de
certains faits, je demande fi *Marc-
Antoine Calas* étoit mort à l'inftant
qu'il a été vifité par l'Eleve en Chirurgie, appellé dans l'intention de
le fecourir ? Il ne s'eft décidé à le
croire mort, que parce qu'il étoit
froid ; comme fi le froid étoit plus
un figne certain de mort, que la
chaleur d'un cadavre, un figne certain de vie. Mais il y a une circonftance qu'il n'eft pas permis d'omet-
tre ; la mere ne pouvoit fe perfua-
der que fon fils fût mort ; & l'on af-
fure, que voulant lui faire avaler
quelques gouttes d'eau fpiritueufe,
la mâchoire fe ferma comme un reffort. Cela eft-il naturel après la
mort ? On peut avoir de la peine à
forcer une articulation ; mais dès

qu'on est parvenu à vaincre l'obsta-
cle que donne la roideur des soli-
des par la congelation des sucs, ils
ne sont plus capables d'aucune fonction. L'on voit ici une action or-
ganique d'autant plus remarquable, que l'état naturel de la bouche
de ceux qui sont morts étranglés,
est d'être entr'ouverte; souvent elle
laisse passer la langue gonflée de sang
retenu dans les vaisseaux par la com-
pression des veines jugulaires. La
connoissance si essentielle des vrais
signes qui caractérisent la mort certaine, dont on a tant d'occasions de
faire usage dans le cours de la vie,
est trop négligée. * Quel contraste
dans les suites de la funeste avanture de Toulouse, si *Marc-Antoine
Calas* avoit été secouru, & qu'il eût
pu l'être efficacement.

* Voyez mes Lettres sur la certitude des signes de la
mort, où l'on rassure les citoyens de la crainte d'être
enterrés vivants. A Paris, chez *Didot* le jeune, rue du
Hurepoix, au bas du Pont Saint Michel, & *Vincent*,
vis-à-vis S. Severin.

Lorſque la mort du ſujet eſt bien conſtatée, il s'agit de connoître s'il a été ſuſpendu vivant ou après ſa mort. La méchanceté des hommes les a rendus induſtrieux juſques dans le crime ; & pour ſe ſouſtraire aux peines capitales que mérite un aſſaſſinat, ils ont quelquefois cherché à le faire méconnoître, en pendant la perſonne qu'ils avoient fait mourir par une autre voie. Un examen éclairé & judicieux peut empêcher l'impunité des coupables, & que la mémoire du mort ne ſoit tachée d'infamie, ſur les apparences trompeuſes du ſuicide.

De Vaux, Auteur de l'Art de faire les rapports en Chirurgie, nous a conſervé celui qui fut donné en la Juriſdiction de la ville de Mantes en 1683, concernant une femme, agée d'environ 50 ans, qu'on avoit trouvée pendue à une ſolive dans une grange. La face du cadavre étoit dans l'état naturel ; il n'y avoit point d'écume à la bouche ni dans les narines ; la langue n'étoit ni gonflée ni noire , le col étoit fans rougeur , fans meurtriffure, ni changement de couleur à l'endroit où la corde avoit fait fon impreffion. Sur ces indices , qui étoient autant de fignes négatifs de l'étranglement , on fe détermina à pourfuivre dans toutes les autres parties du corps la recherche de la caufe de la mort , & l'on apperçut une fort petite plaie à la partie latérale droite antérieure du thorax , cachée fous l'affaiffement du corps de la mammelle. Cette plaie pénétroit dans la poitrine , entre la cinquieme & la fixieme des vraies côtes ; & par l'ouverture de cette capacité , on reconnut que cette petite plaie faite par un inftrument poignant, rond & très-étroit , traverfoit le cœur de part en part , & avoit caufé un très-grand épanchement de fang dans la poitrine. Delà il étoit tout naturel de conclure que cette plaie avoit été la véritable & feule caufe de la mort; & qu'elle avoit précédé la fufpenfion du cadavre.

Ce fait qui enfeigne à éviter toute efpece d'illufion fur cette matiere, eft confirmé par une obfervation du célébre *Bohnius*, Profeffeur d'Anatomie & de Chirurgie à Leipfick. Il rapporte, d'après les regiftres du College dont il étoit membre, que le 19 Octobre 1708, on procéda juridiquement à la vifite du corps d'une femme, en qui on ne trouva aucun des fignes ci-deffus énoncés, & qui font ordinaires à ceux qui ont été étranglés. L'abdomen, la région des lombes & les cuiffes étoient meurtries & fort livides. On conclut de cet examen, que la femme trouvée fufpendue, ne l'avoit été qu'après fa mort, qu'on jugea avoir été caufée par des coups mortels fur le bas-ventre.

Ces obfervations, en indiquant les principaux fignes qui doivent caractérifer l'étranglement, fuffifent pour faire connoître qu'une perfonne n'a pas été étranglée : mais elles laiffent un point plus difficile à réfoudre ; c'eft de déterminer, lorfque la ftrangulation aura réellement caufé la mort, comment on pourra reconnoître fi elle a été volontaire ou l'effet d'une violence extérieure. Pour approfondir cette queftion, fi trifte dans fon objet, & néanmoins fi utile aux intérêts de la fociété, je n'ai négligé aucun moyen d'inftruction ; j'ai fait des recherches, établi des correfpondances, confulté de vive voix l'Exécuteur de la Juftice, fait des expériences fur les cadavres humains & fur des animaux vivants, afin de me procurer par toutes les voies poſſibles les lumieres néceſſaires ſur le point eſſentiel de cette importante diſcuſſion.

Il faut diſtinguer les ſignes invariables de l'étranglement, des différents effets qu'il produit en diverſes occaſions, & tâcher de rendre raiſon des uns & des autres. La plupart des Auteurs ont prononcé ſur la cauſe de la mort des pendus, en la mettant dans la claſſe des ſuffocations ; & rien n'eſt ſi peu conforme à la vérité que cette allégation. Les pendus ne meurent pas faute de reſpiration ; c'eſt-à-dire, que la cauſe de leur mort ne dépend pas, comme on le croit vulgairement, de la reſpiration primitivement interrompue par le lien qui leur ſerre le col. Cette fonction ſubſiſte en eux juſqu'à la fin ; & ils meurent vraiment apoplectiques, par la compreſſion des veines jugulaires ; la corde, ſur-tout dans ceux qui ſe

pendent

pendent eux-mêmes , n'agit point
du tout fur le conduit de l'air ;
elle fait une impreffion circulaire
fous le menton ; cette impreffion fe
continue obliquement des deux
côtés derriere les oreilles , pour fi-
nir à la nuque , en montant vers
l'occipital ; cela eft admis générale-
ment : alors la tête eft fléchie dire-
ctement en devant , & le menton
porte fur la partie antérieure & fupérieure de la poitrine. J'ai obfervé
que ces difpofitions varioient fuivant la façon dont le lien étoit pofé.
L'impreffion eft plus horizontale
lorfque le nœud coulant , au lieu
d'être à la nuque ; eft retenu fous la
mâchoire , dans un des points de la
circonférence du col qui y répond :
l'inclinaifon de la tête eft toujours
à la partie oppofée ; & le fillon
formé par le lien eft plus profondé-
ment imprimé à la partie cachée par
cette inclinaifon : les raifons en font

B

affez fenfibles, il eft inutile de les
déduire. L'Exécuteur de Paris m'a
dit qu'il mettoit toujours le nœud
coulant en devant fous le menton:
de cette façon le poids du corps
ferre promptement ce nœud qui
gliffe à la partie latérale du col;
l'impreffion eft prefque circulaire,
& la conftriction fi forte, que
l'anfe de la corde, à la partie oppofée au nœud, enfonce la peau dans
les parties molles, au point qu'il fem-
bleroit que cette anfe porte fon action jufques fur la colonne vertébra-
le; & dans une dépreffion auffi profonde, on remarque que la peau
n'eft pas déchirée.

Il n'eft pas difficile, d'après cet
expofé, de vérifier ce que les Anciens ont dit fur les effets de l'étranglement, & d'y ajouter ce qui a
échappé à leurs obfervations. *For-
tunatus Fidelis* * dit que les marques de la corde font livides ou

* *De relationibus Medicorum*, lib. 4. fect. 4. cap. 2.

rouges, fur-tout vers les extrémi-
tés ; que la partie fupérieure de la
trachée-artere eft fouvent déchirée,
& la feconde vertebre du col luxée;
que la face eft violette, les bras &
les cuiffes livides, la poitrine tumé-
fiée ; & que dans l'effort violent
que font tous les mufcles, la veffie
fe vuide de l'urine qu'elle conte-
noit. Tels font les fignes qui fe manifeftent au-dehors. L'on remarque
par la diffection, que les poumons
font remplis d'une matiere écumeufe, & que la tête & la poitrine font
pleines de fang, ce qui doit s'entendre de l'engorgement des vaiffeaux de ces parties, & principalement de ceux de la tête. *Ambroife
Paré* * dit la même chofe, & parle
en outre des plis & rides de la peau à
l'endroit de la conftriction. Ces deux
Auteurs conviennent, qu'excepté
l'impreffion de la corde, les autres

* Livre des Rapports.

B ij

fymptomes fe rencontrent aux fuf-
focations par toute autre caufe; &
Zacchias * qui a emprunté leur
doctrine, y ajoute le gonflement
de la langue, fa noirceur, & quelquefois la proéminence des yeux.

La luxation des vertebres & le
déchirement des parties cartilagi-
neufes ne peuvent être que l'effet
d'une très-grande violence. Jamais
dans un homme qui s'eft pendu lui-
même, les parties n'éprouveront
un pareil défordre. Ceux qui ont
été dans ce cas, font morts apoplectiques purement & fimplement : l'interception du cours du fang par la
preffion des veines jugulaires, a été
la feule caufe mortelle ; on en trouve
la preuve dans la facilité avec laquelle on les a rappellés à la vie,
lorfqu'ils ont été fecourus à temps.
Le Chancelier B A C O N ** rapporte

* *Quæft. medico-legal. lib.* 5. *titul.* 2. *quæft.* XI.
** *Hiftoria vitæ & mortis.*

à ce fujet un fait auffi intéreffant que fingulier. Il a connu un Gentilhomme, à qui il prit fantaifie de favoir fi ceux que l'on pend fouffroient beaucoup de mal ; il en fit l'épreuve fur lui-même : s'étant mis pour cet effet une corde au col, il s'accrocha, après avoir monté fur un petit banc qu'il abandonna, dans l'efpérance de pouvoir remonter deffus, quand il le voudroit ; ce qui lui fut impoffible par la perte immédiate de connoiffance. Cette expérience auroit été tragique, fi un ami amené par hazard, ne fût entré heureufement pour interrompre la fcene. Le fruit d'une curiofité fi bizarre a été d'apprendre, qu'on ne fentoit pas de douleur dans ce genre de mort. Celui qui s'y étoit expofé, avoit feulement apperçu devant fes yeux une efpece de flamme qui s'étoit peu après changée en obfcurité, & puis en couleur bleue, comme quand on tombe en fyncope.

M. Faure, Correfpondant de l'Académie Royale de Chirurgie, & Chirurgien de Lyon, très-eftimé, a bien voulu fe charger de faire en cette grande Ville des recherches fur l'objet dont j'étois occupé. Il a trouvé un homme qui s'étoit pen-du deux fois ; la première, à fon mouchoir roulé qu'il avoit attaché à un bout de corde. On s'apperçut affez promptement de l'accident, & l'on fauva cet homme, qui ne fe plaignit que d'une douleur de tête & aux gras des jambes. Il fe pendit une feconde fois au Château de Pierre-fcife, où il avoit été renfer-mé. Il étoit fur le point de périr lorfqu'on entra : par des fecours convenables, on le tira du fâcheux état où l'avoit mis cette feconde fuf-penfion. Il en fut quitte pour des douleurs confécutives de la tête &

des jambes, qui durerent plus long-
temps qu'après fa premiere avanture. Il ne fouffrit pas primitivement ;
& il eft évident que dans ces cas ,
la feule interception de la circula-
tion du fang , par l'action de la corde
fur les veines jugulaires , eft, comme
nous l'avons avancé , la caufe de
tous les accidents. *Alexandre Benedicti* , Profeffeur de Padoue , &
Praticien de Venife , qui tenoit le
premier rang parmi les Médecins
d'Italie à la fin du quinzieme fiecle ,
affigne, pour caufe de l'apopléxie, la
compreffion des veines jugulaires ;
& s'il parle d'après fon expérience ,
il auroit vu des gens qui fe font
pendus & étranglés , quoique leurs
pieds touchaffent à terre , & qui
font morts comme les apople&i-
ques. *Nymman* , habile Profeffeur
d'Anatomie à Vittemberg , dans
fon Traïté de l'Apopléxie , publié
en 1629 , ne croit pas que l'inter-

B iv

ception de la refpiration foit la caufe de la mort des pendus ; il ne l'attribue qu'à la compreffion exacte des vaiffeaux du col. On ne doit pas s'attendre à trouver d'autres effets que ceux qui dépendent de cette caufe, dans ceux qui fe feront pendus eux-mêmes. La mort fera plus ou moins tardive, fuivant le poids du corps, la nature & la pofition du lien, capable d'une conftriction plus ou moins forte ; & l'impreffion qui en réfultera, fera plus ou moins profonde, fuivant l'embonpoint du fujet, & le degré de conftriction qu'il aura fouffert ; mais on ne verra rien qui ne foit relatif à l'interruption du cours du fang, & au moindre effet local de la caufe de cette interruption. Les violences extérieures ajoutent toujours quelques circonftances faciles à diftinguer ; & elles varient d'une maniere fort remarquable, fuivant la diverfité de

ces violences; c'eft ce qu'il eft à propos de connoître. Le Docteur
Alberti, Profeffeur en l'Univerfité
de Hale, eft de tous les Auteurs
celui qui a le mieux fenti l'importance de cette queftion. Il a énoncé
dans fon ouvrage intitulé : *Syftema*
Jurifprudentiæ Medicæ, tous les
fignes qui fe manifeftent à l'infpection anatomique du corps des pendus. Tels font l'impreffion de la
corde, accompagnée d'un cercle
livide & échymofé ; la peau enfon-
cée, & même quelquefois excoriée
dans un des points de la circonférence du col ; les rugofités qu'elle
forme ; la tuméfaction & la lividité
de la langue repliée, ou paffant entre les dents qui la ferrent ; l'écume
fanguinolente dans le gofier & les
narines, & autcur de la bouche ;
l'inflammation des yeux ; les pau-
pieres gonflées & à demi-fermées ;
la lividité & la tuméfaction des le-

vres ; la roideur du corps ; la contraction des doigts livides à leurs ex-
trémités., & l'échymose des bras &
des cuisses. Suivant cet Auteur, les
indices de l'étranglement ne se bor-
nent pas à l'habitude extérieure du
corps : on remarque par la dissection
que les poumons, le cœur, & le
cerveau sont extrêmement engor-
gés de sang ; & souvent il y est extravasé par la crevasse des vaisseaux.
Tous ces signes ne se rencontrent
pas quand le corps n'a pas été pendu
vivant. Et quand on a fait violence
au corps, il y a, selon *Alberti*, dis-
torsion, dépression & même lacération des cartilages du larynx ; &
de plus luxation des vertebres du
col, sur-tout après une exécution
où la tête a été déprimée en devant,
dans l'intention d'accélerer la suffo-
cation.

Quelques faits qu'on raconte sur
les personnes rappellées à la vie,

après avoir été justiciées, ne peuvent faire naître aucun doute sur la réalité du déchirement des parties par les violences extérieures. On peut dire, que dans ce cas, l'exécution a été manquée : il est certain qu'on peut y mettre plus ou moins d'habileté, j'oserois même dire, d'industrie. La grande utilité qu'on peut tirer de ces recherches, doit l'emporter sur le désagrément d'en entendre le récit, comme elle m'a fait surmonter la répugnance de les continuer, malgré le zèle qui me les avoit fait entreprendre. La Société Royale des Sciences de Londres n'a pas dédaigné d'être témoin des expériences faites sur des animaux vivants pendus en pleine assemblée, comme on peut le voir, année 1677, n° xxviij.

A Paris, un pendu a presque toujours la tête luxée, parce que la corde placée sous la mâchoire &

l'os occipital, fait une contre-exten-
fion : le poids du corps du patient
augmenté de celui de l'Exécuteur,
fait une forte extenfion. Celui-ci
monte fur les mains liées qui lui
fervent comme d'étrier, il agite violemment le corps en ligne verti-
cale , puis il fait faire au tronc des
mouvements demi-circulaires, al-
ternatifs & très-prompts, d'où fuit
ordinairement la luxation de la
premiere vertebre Dès l'inftant
le corps du patient qui étoit roide
& tout d'une piece par la contraction violente de toutes les parties
mufculeufes , devient très-flexible;
les jambes & les cuiffes fuivent paf-
fivement tous les mouvements qui
réfultent des fecouffes qu'on donne
au tronc ; & c'eft alors que l'exécution eft fûre. La conftriction de
la corde eft fi fubite & fi violente,
qu'à l'inftant les pieds deviennent
rouges & gonflés jufques aux mal-

léoles ; & il s'éleve fur la peau de
petits tubercules connus fous le
nom de *chair de poule*. M. Faure
qui a fait diſſéquer à Lyon pluſieurs
juſticiés , n'a pas remarqué cette
tuméfaction des pieds : il a vu conſ-
tamment ce que j'ai obſervé dans
mes expériences fur les animaux ,
que la prunelle étoit prodigieuſe-
ment dilatée , & que les patients
rendoient involontairement l'urine
& les matieres fécales. *Garmann*
n'a pas oublié ce fait dans fon gros
volume de *Miraculis mortuorum.*
A l'inſtant , dit-il , qu'un homme
eſt pendu , tous les muſcles entrent
en contraction , & les facultés ex-
pultrices font dans le travail le plus
laborieux. Les vaiſſeaux du cerveau
contenoient une ſi grande quantité
de ſang , dans les ſujets ouverts à
Lyon , que cette ſeule cauſe auroit
été capable de tuer ſubitement
l'homme le plus robuſte. Quant aux

parties extérieures foumifes à l'impreffion de la corde, on n'y a reconnu aucune luxation, mais une fracture du larynx, ou une ouverture à la trachée-artere, capable de recevoir librement l'extrémité du doigt, ce qu'on n'obferve pas à Paris.

L'Exécuteur de Lyon a expliqué fa manœuvre. Il place le nœud coulant de fa corde à la partie poftérieure du col, fur la nuque; mais il y a un nœud fixe à la partie antérieure, qui fans empêcher le coulant de fe ferrer, ne permet pas que la corde gliffe fous le menton; ce qui fait que l'impreffion de celle-ci eft plus oblique; celui qui fait l'exécution monte en quelque forte fur la tête du patient qu'il tire en devant, ce qui lui enfonce le nœud ftable antérieur contre le larynx ou la trachée-artere, d'où réfulte leur lacération ou fracture. L'on voit d'après ces faits, dont l'expofé étoit néceffaire ; que la feule infpection d'un corps trouvé pendu ne fuffit pas toujours pour juger s'il n'a pas fouffert de violences ; mais que pour favoir réellement s'il n'y a pas eu affaffinat, on peut être obligé de difféquer exactement les parties, afin de prononcer avec certitude fur l'état des vertebres, des cartilages & des mufcles : en général, la mort eft fort lente dans le fuicide, beaucoup plus prompte dans la ftrangulation par violence extérieure ; & les impreffions du corps qui a étranglé, font différentes fuivant la diverfité des cas. Il convient que le Chirurgien remette la corde dans le fillon qu'elle a tracé, pour prononcer fur la diminution plus ou moins grande du diametre du col, & favoir fi la direction de ce fillon prouve que la fufpenfion a été caufe de la mort, ou poftérieure à la perte de la vie. Pourquoi négli-

ger dans ce cas le principe reçu gé-
néralement dans d'autres circonftances moins difficiles, qui eft de
repréfenter l'inftrument à la plaie,
pour juger de l'une par l'autre. Il
eft principalement effentiel de bien
examiner s'il n'y a pas deux impreffions au col, l'une circulaire & tout-
à-fait horizontale, avec échymofe
faite par torfion fur le fujet vivant;
& l'autre fans meurtriffure, dans une
difpofition oblique vers le nœud,
laquelle auroit été l'effet de la fuf-
penfion après la mort. Il feroit bien
difficile qu'un homme en fit mourir
un autre en le pendant, cela demande trop d'appareil : il eft plus
commun de commencer par l'étranglement ; on fufpend le corps après,
pour tacher de faire méconnoître le
genre de crime : c'eft une action
réfléchie qui fuit le mouvement
violent qui avoit porté à l'affaffinat.
Mais il eft rare que le crime ne laiffe
des

(33)

des traces qui le décelent. Je rap-
porterai à ce sujet une observation
très - importante puisée dans les
Ouvrages d'un Jurisconsulte, plus
illustre encore par ses lumieres &
l'utilité de ses travaux, que par le
rang honorable qu'il tenoit dans la
Magistrature.

Le nommé Barthelemi Pourpre
fut trouvé mort le 12 du mois
d'Août 1736, sur les sept heures
du soir à la campagne, & porté au
village de Limans, devant la maison
de son pere. Un Chirurgien, par son
rapport, certifie que Barthelemi
Pourpre a été étranglé. Pierre Pourpre, pere du mort, est décrété de
prise de corps, sa femme & ses trois
filles d'ajournement. La procédure
s'acheve, le Juge de Limans ab-
sout tous les accusés, & ordonne,
sur la plainte du Procureur Fiscal,
qu'à sa diligence le procès sera fait
à la mémoire du mort, suivant les
C

formes prescrites par l'Ordon-
nance.

L'affaire portée au Parlement
d'Aix, M. de Gueidan, Avocat Général, trouve des irrégularités dans
la procédure, & d'autres circonftances qui lui font foupçonner des
myfteres qu'il eft de l'ordre public
d'approfondir. Pierre Pourpre étoit
marié en fecondes noces ; fa femme
haïffoit le fils du premier lit : le pere
irrité côntre lui, le menaçoit jour-
nellement de lui arracher les yeux
& de l'étrangler : delà on l'a foup-
çonné d'avoir enfin effectué fes me-
naces. Mais ce crime eft-il vraifem-
blable ? Peut-on croire qu'un pere
fe foit déterminé à égorger fon fils
de fes propres mains, précifément
parce qu'il aura refufé le titre de
mere à fa feconde femme ? Ce défaut de vraifemblance, qui étoit
un argument fi avantageux en faveur
du pere, paroiffoit indubitable par

les raifonnements fur l'impoffibilité
phyfique de cette efpece d'affaffinat.
Le pere avoit 52 ans, & le fils 18.
Plein de force & de vigueur, à la
fleur de fon âge, aura-t-il reçu le
coup mortel fans fe défendre, ou
n'aura-t-il pas pris la fuite. S'il a
voulu fe défendre, le pere aura-t-il
pu venir à bout de commettre un
crime, qui viole ce que la nature a
de plus facré. On ne concevoit pas,
difoit-on, que de deux hommes
qui font aux prifes, l'un veuille
ôter la vie à l'autre, & puiffe l'exé-
cuter en le pendant à un arbre.
Mais le rapport du Chirurgien éta-
bliffoit une vérité de fait, qui ren-
verfoit tous les raifonnements & les
conjectures oppofées. C'eft une
chofe déraifonnable, difoit M. l'A-
vocat Général, d'après Quintilien,
qu'on veuille faire fervir l'énormité
du crime à la défenfe du criminel ;
& que fert, ajoutoit-il, de crier aux

Juges qu'un pere ne peut être coupable d'une action si noire, lorfqu'il
eſt preſque convaincu de l'avoir
faite. Barthelemi Pourpre ne s'eſt
point étranglé lui-même; » le Chi-
» rurgien qui a fait le rapport du ca-
» davre, & les témoins qui l'ont vu,
» dépoſent tous que la meurtriſſure
» qui feroit tout-à-fait au haut du
» cou, ſi ce malheureux s'étoit défait
» de ſes propres mains, étoit fous le
» nœud de la gorge & à l'iſſue des
» épaules. C'eſt donc à terre qu'il a
» été étranglé; & il n'a enſuite été
» attaché à l'arbre, que parce qu'on
» a cru pouvoir couvrir un crime
» par un autre ». La circonſtance
qui excitoit le plus de ſurpriſe dans
cette horrible avanture, c'eſt qu'un
jeune homme de 18 ans n'eût ſçu ſe
défendre & ſe garantir de la mort.
Mais les preuves de la violence qu'il
avoit ſoufferte étoient évidentes:
il avoit les dents enfoncées & ſan-

glantes. Delà on conclut que Pierre Pourpre avoit furpris fon fils au dépourvu ; qu'il lui avoit jetté au cou le nœud fatal au moment qu'il ne s'y attendoit pas ; qu'il l'a renverfé par terre, & lui a mis le pied fur la bouche, foit pour l'empêcher de parler, foit pour l'étouffer plus facilement. Les raifons de M. de Gueidan furent admifes tout d'une voix à l'Audience publique de la Tournelle, le Samedi 23 Mars 1737.

D'après ce précis, on voit de quelle conféquence il eſt qu'un rapport foit fait par des gens attentifs & éclairés ; puifque dans une caufe auffi grave, il a détruit toutes les préfomptions fi favorables au coupable, & empêché la flétriffure de la mémoire de l'innocent.

On a inféré dans les Recüeils Alphabétiques * l'hiſtoire tragique & effroyable d'un pere qui fut trouvé

* Recueil C. Paris 1759. page 179.

pendu près de la ville de Berne en Suiffe, le 3 Avril 1574. On lui avoit volé une fomme d'argent affez confidérable, fruit de 30 années d'épargnes; & l'on fut affez porté à croire que le défefpoir de la perte de fon argent l'avoit pouffé à termi- ner violemment fes jours. L'Exécu- teur de la Juftice de Berne, mandé pour ôter le corps, & l'enterrer, trouva le lien fanglant; fait dont il ne tira aucune conféquence. La connoiffance qu'on en eut, excita une rumeur populaire, qui s'éten- dit bientôt au point de donner les plus violents foupçons contre les fils du mort. Le plus jeune, âgé de 20 ans, fe déclara complice du vol, en s'excufant de l'énormité de l'af- faffinat fur fon frere aîné. Celui-ci confeffa fon crime, & avoua com- ment la chofe s'étoit paffée. Le pere le preffoit un jour de lui reftituer fon argent; il le mena hors de la maison sur une petite élévation, comme pour lui montrer l'endroit où l'argent étoit caché. Il lui jetta un licol au cou, avec lequel il le renversa par terre, & le traîna au bas du tertre dans un fossé. Ce malheureux s'éloigna un peu, & appercevant que son pere tiroit un couteau qu'il portoit à sa ceinture, afin de couper le licol ; il accourut, & le blessa, en lui ôtant le couteau de la main. C'est ce qui ensanglanta le licol. Il se servit de ce lien pour étrangler son pere sans ressource, en lui mettant les pieds sur les épaules. Il convint qu'il avoit pendu le corps ensuite, pour faire croire que son pere s'étoit étranglé lui-même.

On conçoit aisément que l'examen anatomique d'un cas de cette nature, fournira toujours des raisons peremptoires, pour prouver que le mort n'est pas coupable de suicide ; & l'on connoîtra, en pré-

C iv

sentant sur la partie le lien qui a
étranglé, que l'impression mortelle
n'est pas la même que celle de la
suspension. La dissection du cou
donneroit encore des preuves cer-
taines de la violence, si l'on n'en
voyoit pas des signes extérieurs suf-
fisants. Enfin il paroît constant par
tout ce qui a été dit, qu'au moyen
des recherches convenables , on
peut statuer sur les marques qui
feront distinguer le Suicide d'avec
l'Assassinat. C'est le rapport qui cons-
tate la nature du délit ; & il y a des
circonstances dont les suites peuvent être si terribles, qu'on ne peut
trop apporter de circonspection
dans ce premier jugement, qui devient souvent la regle unique de
l'application des loix vengeresses
des crimes. Les Magistrats les plus
éclairés peuvent être induits à commettre l'injustice la plus affreuse par
un mauvais rapport. C'est donc

avec raiſon que nous recommandons, dans le cas dont il eſt queſ-
tion, l'examen du lien, & la recherche ſoigneuſe de la maniere
dont il a agi: de plus il eſt utile d'ob-
ſerver que des perſonnes peuvent
être aſſaſſinées par la ſtrangulation,
ſans avoir été pendues après, &
ſans que le moyen qui a ſervi à les
priver de la vie, puiſſe être repré-
ſenté. Dans d'autres cas, faute d'un
examen réfléchi, on pourroit ſe
tromper, & prendre pour le lien
fatal, un corps qui n'auroit pas été
employé à commettre un crime qui
n'exiſte pas. Zacchias * rapporte à
ce ſujet une conſultation intéreſ-
ſante & inſtructive.

Un priſonnier jouiſſant d'une
bonne ſanté, mourut ſubitement :
il avoit été mis en priſon par ordre
du Gouverneur de la Ville, pour
avoir tenu des diſcours injurieux

* *Quæſt. medico-legal. lib. IX. conſil. 44.*

contre lui. Les Experts qui firent la
visite du corps, déclarerent qu'ils
n'avoient trouvé aucun signe de
mort violente, & l'on faisoit mention d'une certaine quantité de sang
extravasé à la bouche & au cou. Le
Magistrat tira de cette circonstance
des inductions défavorables au Gouverneur, qu'on accusa d'avoir fait
périr cet homme. Quoiqu'on eût
prononcé dans le rapport que le
prisonnier n'avoit été ni empoison-
né, ni n'avoit essuyé aucune violence, les Experts interpellés de
nouveau long-temps après, change-
rent d'avis, & dirent qu'il étoit
possible que l'homme eût été suffo-
qué par une cause extérieure. C'é-
toit principalement sur cette nou-
velle déposition que le Magistrat
s'appuyoit dans sa poursuite crimi-
nelle contre le Gouverneur. Outre
le sang extravasé au cou & dans la
bouche, on avoit trouvé dans la

prison un ruban de soie, déchiré &
divisé en trois parties. Zacchias
chargé de l'examen contradictoire
des faits, déclara que l'échymose
du cou étoit un signe fort équivoque, puisque le sang pouvoit se
porter dans cette partie, par une
violence intérieure, comme dans
l'apoplexie, (l'esquinancie) & autres maladies ; & que l'absence des
signes qui caractérisent l'étranglement , suffisoit pour prouver que
cet homme n'étoit pas mort par
cette cause. Il rejetta l'indice qu'on
tiroit du ruban de soie, par l'im-
possibilité du fait , & par son défaut
de vraisemblance. Un lien si foible
n'auroit pas été capable d'étrangler
un homme ; & en supposant qu'il
eût été un moyen suffisant , il auroit
fallu en voir la trace & les effets sur
le cadavre ; ce qui n'étoit point.
Cette sage & judicieuse consultation
mit fin à la procédure.

Quoique le miniftere du Chirurgien paroiffe reftreint à donner la connoiffance pofitive de l'état phyfique du cadavre, & que ce foit principalement aux Officiers de Juftice de conftater les circonftances acceffoires, il doit néanmoins s'en occuper auffi, puifqu'elles peuvent lui fournir des éclairciffements relatifs à fon objet. L'examen des lieux, de la pofition du corps, & de la nature des moyens, fervira quelquefois à diriger le Chirurgien dans fon jugement particulier, dont la regle effentielle, commune à toute efpece de raifonnement, eft de ne pas conclure affirmativement d'après les chofes fimplement poffibles; & de ne pas établir, fur des témoignages équivoques, des points de fait dont l'impoffibilité feroit démontrée à un homme plus éclairé ou plus attentif. Nous ferons fentir l'importance

de ces principes par quelques exemples tirés de notre fujet. Barthelemi
Pourpre, dont il a été parlé plus
haut, fut trouvé pendu à un arbre,
& il touchoit à terre par un pied :
il n'y avoit rien aux environs de cet
arbre fur quoi il eût pu monter pour
faire le nœud & fe jetter enfuite.
On jugea par ces circonftances qu'il
avoit été fufpendu fort à la hâte, &
avec trop peu de précautions, pour
déguifer le crime d'affaffinat. Mais
ces indices, loin d'être décififs,
n'établiffent pas la plus légere con-
jecture, s'il eft vrai qu'on puiffe
s'étrangler foi-même, les pieds touchant à terre. Nous avons dit qu'*A-
lexandre Benedicti* * faifoit mention
de cette circonftance, en parlant
de l'apoplexie de ceux qui s'étran-
glent. On m'a communiqué fur ce
point un fait très-détaillé dont je
fupprime beaucoup de particularités

* Voyez ci-deffus, page 23.

intéreffantes , mais étrangeres à la queftion. Un homme dans la force de fon âge, épris d'une paffion vio- lente peu convenable à fon état, en perdit le fommeil , l'appétit & la fanté. Il fit part à fes amis de fa fitua- tion , & ne leur cacha point la réfo- lution qu'il avoit prife de fe défaire foi-même , tant la vie lui étoit à charge. On le gardoit à vue; on lui ôta tout inftrument tranchant, & des piftolets dont il s'étoit pourvu. Un jour qu'il paroiffoit plus raffis, il fe leva de table, & paffa dans fa chambre à coucher comme pour quelque befoin : il ferme les ver- roux en dedans, prend un bout de ficelle, en fait un nœud coulant, l'accroche avec fa main au bouton du loquet d'un des panneaux de fa fenêtre, paffe le cou dans le nœud coulant , & s'étrangle en fe laiffant gliffer, comme pour s'agenouiller. On le trouva mort les jambes traî-

nantes & les genoux touchant prefque à terre. Il eſt vraiſemblable
qu'il perdit ſubitement connoiſ-
ſance , comme le Gentilhomme
dont parle le Chancelier Bacon , &
que non-ſeulement il lui fut impoſ-
ſible de ſe relever , mais qu'il n'en
ſentit pas même le beſoin.

Les ſignes commémoratifs de l'é-
tat de cet homme, obſédé par des
deſirs qu'il déteſtoit, prouvoient plus
pour le ſuicide , que la circonſtance
des portes fermées en dedans. Je
ſçais d'un Commiſſaire au Châtelet
& d'un Chirurgien de Paris , que
faiſant , il y a quelques années, la
viſite du corps d'une femme trouvée pendue contre le mur de ſa
chambre , à un pied de terre , ſon
viſage ne parut altéré en aucune
maniere. Ils ſe déciderent pour le
ſuicide , par le ſeul examen des
lieux fermés en dedans : il faut être
bien ſûr de l'impoſſibilité de la fuite

d'un affaffin, pour affeoir fon juge=
ment fur cette feule & unique
preuve. On fent de quelle conféquence il eft de ne pas compro-
mettre la vérité dans les cas épineux
que peuvent préfenter des affaires
auffi délicates que celles dont nous
parlons.

Pour étendre l'utilité de ce Mémoire, je vais le terminer , en indiquant en peu de mots les fecours
qu'on peut donner aux pendus,
dans les cas où la mort ne feroit
qu'apparente. Cette matiere eft in-
conteftablement du reffort de l'Art.
Quelques Philofophes, qui ont rai-
fonné fur la moralité de l'action
par laquelle on fe donne la mort à
foi-même , ont mis en queftion fi
elle procédoit de courage ou de
lâcheté. Il ne feroit pas difficile de
leur prouver, contre cette alterna-
tive, que le fuicide eft un effet de
maladie ; & que les malheureux qui
en

en font la victime, font plus dignes de pitié que des rigueurs de la Juſtice. Là note d'infamie qui ne porte, par l'opinion, que contre les ſurvivants, & le mauvais traitement du corps après la mort, * peuvent-ils faire impreſſion ſur un homme qui ſent une froide indifférence pour tous les objets qui l'entourent, à qui l'exiſtence devient à charge, & que l'ennui de la vie, ſi connu des

* Les Loix ont quelquefois remédié au fanatiſme épidémique qui portoit pluſieurs perſonnes à ſe dé-truire par leurs propres mains. On lit dans les Nuits Attiques d'Aulu-Gelle, que toutès les filles de Milet avoient fait le complot de renoncer à la vie. Déja plu-ſieurs s'étoient pendues: le Sénat ordonna qu'à l'avenir celles qui feroient coupables de ce crime, feroient portées nues dans la Ville, par le lien auquel elles au-roient été trouvées ſuſpendues. Ce décret eut tout l'ef-fet qu'on en eſpéroit. Tacite, *Annal. lib. 6. cap. 29.* parle dans ſes Annales de ceux qui ſe tuoient pour éviter la douleur du ſupplice auquel ils étoient con-damnés: leur derniere volonté reſtoit ſans exécution, & leur corps étoit privé de ſépulture. Il n'en étoit pas de même de ceux qui prenoient leur parti avant qu'on les condamnât; ils recevoient, par un traitement con-traire, le prix de leur diligence. L'expreſſion de Tacite eſt bien digne de lui.... *Eorum qui de ſe ſtatuebant huma-bantur corpora, manebant teſtamenta, pretium feſtinandi.* Ces gens étoient doublement criminels; on les trai-toit néanmoins comme s'ils avoient rendu hommage aux loix qui alloient les retrancher de la ſociété par une mort honteuſe.

D

anciens, & peut-être plus encore
de nos jours , dans une nation voi-
fine , tourmente , & mene enfin à
la trifte réfolution de vouloir n'être
plus ? Ainfi ceux qui par manie &
dans le trouble de leur ame, ont
cherché à fe donner volontairement
la mort, méritent qu'on les arrache,
fi l'on peut, de fes bras. Le péril en-
couru, peut les garantir d'un fecond
accès : il y en a des exemples.

Ce qu'il y a de plus avantageux
pour rappeller les pendus à la vie,
eft de les faigner promptement à la
veine jugulaire, de leur fouffler de
l'air chaud dans la poitrine, & de
tenir chaudement la furface extérieure du corps. Les frictions feront
utiles , pour empêcher la coagula-
tion du fang, & ranimer l'action des
folides. Dès que la déglutition fera
poffible, on fera boire du vin chaud
avec du fucre & des aromates, comme la mufcade, &c, afin d'échauffer

le corps par le dedans, & de le for-
tifier. Si la refpiration eft laborieufe
& accompagnée d'une efpece de
râle, effet de la préfence de la matiere écumeufe, dont les bronches
font remplies, il faudra procurer
une prompte expectoration, par
l'ufage d'une potion propre à cette
indication, & dans laquelle l'oxy-
mel fcillitique entrera avec utilité.

Riolan n'a pas cru devoir exclure
de ces foins le corps des criminels
délivrés pour les exercices anatomi-
ques. Son motif eft louable & chré-
tien. Il ne faut pas, dit-il, procé-
der aux diffections tant que le corps
eft chaud, & s'il n'y a pas long-temps
que l'exécution foit faite. La reli-
gion & l'humanité, ajoute-t-il, exi-
gent que l'on donne à ces malheureux tous les fecours convenables
pour les rappeller à la vie, afin qu'ils
puiffent faire pénitence de leurs crimes. Malgré ces pieufes confidéra-

tions, je craindrois bien qu'on ne jugeât très-repréhenfible l'action du Meûnier des environs d'Abbeville, dont M. Bruhier fait mention dans son Traité de la prétendue incertitude des fignes de la mort *. Cet homme paffant près d'un endroit où étoit expofé un voleur qui avoit été pendu la veille, foupçonna qu'il n'étoit pas mort ; il le détacha, & l'emmena chez lui dans fa charrette. Il lui donna en effet des fecours qui furent efficaces : au bout de quinze jours, lorfqu'il fe propofoit de le congédier, ce miférable profitant de l'abfence de fon libérateur, le vola, & prit la fuite. Le Meûnier & fes deux fils coururent après, & l'atteignirent à une lieue delà. Dans le premier mouvement de leur indignation, ils ne crurent pas avoir rien de mieux à faire que de le ramener au poteau dont on l'avoit

* Tome II. page 256.

détaché quinze jours auparavant ;
& ils ne le laifferent pas fans s'être
bien affurés de fa mort. Ils furent
prudemment confeillés de fe fouf-
traire aux pourfuites de la Juftice,
jufqu'à ce qu'ils euffent obtenu des
lettres de rémiffion. Le fecond pro-
cédé étoit barbare ; on pouvoit re-
mettre cet homme entre les mains
de la Juftice ; mais on en auroit vrai-
femblablement été repris pour la
premiere action , toute louable
qu'elle fût par le motif. Cette hif-
toire qu'on donne avec toutes les
circonftances qui peuvent en prouver l'authenticité , fournit un fait
remarquable , très-important par
la longueur du temps après lequel
on a pu fecourir utilement un
homme qui avoit été pendu.

F I N.

APPROBATION de M. PIBRAC, *Directeur de l'Académie Royale de Chirurgie, Chevalier de l'Ordre du Roi, Chirurgien-Major de l'Ecole Royale Militaire.*

LE Mémoire de M. LOUIS, sur une *Question Anatomique, relative à la Jurisprudence,* a été lu & approuvé dans un Comité particulier de l'Académie Royale de Chirurgie, où l'on a prévu les applaudissements qu'il a reçus à la Séance publique. A Paris, ce 18 Avril 1763.

Signé, PIBRAC.

VU l'Approbation; permis d'imprimer ce 29 Avril 1763.

Signé, DE SARTINE.

www.ingramcontent.com/pod-product-compliance
Lightning Source LLC
LaVergne TN
LVHW022036080426
835513LV00009B/1075